Bibliografische Information der Deutschen Nationalbibliothek:

Die Deutsche Bibliothek verzeichnet diese Publikation in der Deutschen Nationalbibliografie; detaillierte bibliografische Daten sind im Internet über http://dnb.d-nb.de/ abrufbar.

Impressum:

Druck und Bindung: Books on Demand GmbH, Norderstedt Germany
ISBN: 978-3-640-22316-9

Dieses Buch bei GRIN:

http://www.grin.com/de/e-book/118760/der-chemische-krieg-der-einsatz-von-gas-im-ersten-weltkrieg

Gergely Kapolnasi

Der chemische Krieg. Der Einsatz von Gas im Ersten Weltkrieg

Zwischen Abwehr und Kampfstoffforschung

GRIN Verlag

Ruprecht-Karls-Universität Heidelberg
Institut für Geschichte der Medizin / Historisches Seminar
Wintersemester 2007/2008
Hauptseminar: Medizin, Krieg und Gesellschaft: Deutschland 1914-1924

Der chemische Krieg: „Gas!" - Zwischen Abwehr und Kampfstoffforschung

Hausarbeit

vorgelegt von:

Gergely Kápolnási

Studiengang: Magister

Studienfächer:
Mittlere / Neuere Geschichte
Ur- / Frühgeschichte
Alte Geschichte
8. Fachsemester

Inhaltsverzeichnis

Einleitung

"Gas! Gas! Quick, boys! – An ecstasy of fumbling,
Fitting the clumsy helmets just in time;
But someone still was yelling out and stumbling.
And flound'ring like a man in fire or lime...
Dim, through the misty panes and thick green light.
As under a green sea, I saw him drowning.
In all my dreams, before my helpless sight,
He plunges at me, guttering, choking, drowning.
If in some smothering dreams you too could pace
Behind the wagon that we flung him in,
And watch the white eyes writhing in his face,
His hanging face, like a devil's sick of sin;
If you could hear, at every jolt, the blood
Come gargling from the froth-corrupted lungs,
Obscene as cancer, bitter as the cud
Of vile incurable sores on innocent tongues, -
My friend, you would not tell with such high zest
To children ardent for some desperate glory,
The old Lie: Dulce et decorum est
Pro patria mori."[1]

Der 22. April 1915, der Tag des ersten massiven Angriffs mit Giftgas in der Geschichte, markiert den Beginn der chemischen Kriegsführung. Auch wenn es vorher schon Versuche mit chemischen Kampfmitteln gab, die Büchse der Pandora wurde an diesem Tag geöffnet. Jener Angriff entfesselte eine verhängnisvolle Ereigniskette, löste ein chemisches Wettrüsten ungeahnten Ausmaßes aus. Das Gas wurde eingesetzt, um den festgefahrenen Krieg rasch zu beenden. Stattdessen verursachte es unsägliches Leid bei hunderttausenden von Soldaten. Nach dem Krieg stahlen sich Wissenschaftler und Offiziere, die maßgeblich daran beteiligt waren, dieses Inferno zu entfesseln, aus ihrer Verantwortung, behaupteten gar, der chemische Krieg sei eine sehr humane Art einer zivilisierten Kriegsführung.

Ziel dieser Arbeit ist, die Hintergründe des Einsatzes chemischer Kampfmittel während des Ersten Weltkrieges zu beleuchten. Wie entstand der Gaskrieg und mit welchen Mitteln wurde er geführt? Welche Maßnahmen traf man, um sich vor Gas zu schützen und wie wurden die betroffenen Soldaten medizinisch versorgt? Und schließlich: Wie wurde der Gaskrieg während des Krieges und danach gesehen? Um diese Fragen zu beantworten, soll zunächst auf die Ereignisse vor dem 22. April 1915 und die ersten Experimente mit chemischen Reizstoffen eingegangen werden. Anschließend folgt eine Beschreibung der Ereignisse, die zu jenem Apriltag des Jahres 1915 führten und was an diesem Datum geschah. Das darauffolgende chemische Wettrüsten bis Kriegsende wird im nächsten Abschnitt behandelt. In diesem Zusammen-

[1] Wilfred Owen, Dulce et Decorum Est, zitiert in: Harris, Geschichte, S. 276.

hang werden auch Wirkung und Eigenschaften der wichtigsten chemischen Kampfstoffe, die während dieses Zeitraumes verwendet wurden, beschrieben. Danach sollen die Gasschutzmaßnahmen und die medizinische Versorgung der Gasverletzten behandelt werden. Schließlich folgt eine völkerrechtliche Beurteilung des ersten deutschen Gaseinsatzes.
Obwohl auch von anderen Kriegsparteien Gas verwendet wurde, behandelt diese Arbeit hauptsächlich den Einsatz chemischer Kampfmittel durch Deutschland, Frankreich und Großbritannien. Russland und die USA werden nur am Rande erwähnt. Auf andere Kriegsbeteiligte einzugehen, würde den Rahmen der Arbeit sprengen.

1. Der Weg in den Gaskrieg

> *„Mit der Entstehung des Stellungkrieges mußte das Bedürfnis aufwachen, [...] das Bedürfnis nach Kampfmitteln, die hinter die Schutzwehr des Verteidigers hinterfaßten, und ihn aus der Deckung verjagten, in der er für die Geschosse des Angreifers nicht genügend erreichbar war.“*[2]

1.1. Der Weg in den Stellungskrieg

Alfred von Schlieffen, Chef des Generalstabs von 1890 bis 1905, entwarf während seiner Amtszeit einen Plan, um im Falle eines Zweifrontenkriegs gegen Frankreich und Russland einen schnellen Sieg zu erringen. Dieser Plan beinhaltete in der ersten Phase des Krieges eine Offensive im Westen, da Schlieffen davon ausging, dass die russische Mobilmachung zunächst nur langsam anlaufen würde. Daher sollte ein großer Teil der deutschen Armee durch Belgien nach Frankreich vorstoßen, um die Festungen des Gegners an der deutsch-französischen Grenze zu umgehen. Ziel dieser Operation sollte es sein, die französische Armee durch beinahe minutiös geplante Truppenbewegungen einzukreisen und schließlich innerhalb kürzester Zeit zu vernichten. Jedoch warnte Schlieffen bereits 1905 vor einem langwierigen Stellungskrieg, falls die deutschen Streitkräfte von den französischen gestoppt würden. Zudem plante er für diese Operation mehr Truppen ein, als Deutschland am Anfang des 20. Jahrhunderts besaß.[3]
Am 4. August 1914, wenige Tage nach Beginn des Ersten Weltkriegs, überschritten die deutschen Truppen die Grenze zu Belgien. Der Nachfolger Schlieffens im Amt des Generalstabschefs Helmuth von Moltke ging im Prinzip gemäß dem Plan seines Vorgängers vor, modifizierte ihn jedoch in einigen Punkten. Die deutschen Truppen rückten zunächst planmäßig vor und stießen dabei kaum auf Widerstand. Sie eroberten die Festung von Liège, wenig später marschierten sie in Brüssel ein. Allerdings kam dieser schnelle deutsche Vormarsch bald ins

---

[2] Bauer, Denkschrift, S. 71.
[3] Stevenson, Weltkrieg, S. 65f.; Chickering, Reich, S. 33-36.

Stocken. Die noch kaum motorisierten Truppen waren nur unter größten Anstrengungen in der Lage, mit der Geschwindigkeit vorzurücken, wie der Schlieffen-Plan es verlangte. Zudem wurde die Versorgung der Soldaten und der mitgeführten Pferde zunehmend schwieriger ebenso wie die Kommunikation miteinander und dem Hauptquartier. Diese Faktoren, gepaart mit Fehlentscheidungen der deutschen Heeresleitung und der Tatsache, dass Großbritannien und Frankreich begonnen hatten ihre Armeen östlich von Paris neu zu formieren und sich den deutschen Truppen zu stellen, führten Anfang September 1914 zu einer Wende des bisherigen Kriegsverlaufs. Nach heftigen Kämpfen an der Marne war der deutsche Vorstoß gestoppt. In den folgenden Wochen drängten die Kämpfe bis an den Ärmelkanal. Es entstand nun eine Frontlinie aus einem Geflecht von Schützengräben, die sich über 700 Kilometer, vom Ärmelkanal an der belgischen Küste bis zur Grenze der Schweiz zog – der Stellungskrieg, der bis 1918 andauern sollte, hatte begonnen.[4]

1.2. Die ersten Schritte in den Gaskrieg

Zu Beginn des Krieges plante keiner der Kriegsparteien einen Einsatz chemischer Kampfstoffe. Im Herbst 1914 schien es so, als ob man den festgefahrenen Stellungskrieg mit konventionellen Waffen nicht lösen könne. Daher begann man sowohl auf deutscher als auch auf alliierter Seite über Alternativen nachzudenken. Der deutsche Major a. D. Julius Meyer schrieb 1925 hierzu:

> *„Erst vom Beginn dieses Stellungskrieges an zählen auch die deutschen Versuche, die Gaswaffe auszubilden und zu versuchen, damit den Gegner aus seinen Gräben und Deckungen herauszuwerfen, um so wieder in den Bewegungskrieg übergehen zu können."*[5]

Die Voraussetzungen für die Produktion chemischer Kampfmittel waren besonders in Deutschland gegeben. Die im Ersten Weltkrieg als Kampfstoffe verwendeten Substanzen waren aus der chemischen Industrie bereits bekannt. Deutschland war schon in der Vorkriegszeit führend in der Herstellung von Farbstoffen; 90% der weltweit erzeugten Farben kamen aus deutscher Produktion. Daher verfügte die deutsche Industrie zu Beginn des Krieges über einen entscheidenden technologischen Vorsprung sowohl in der Produktion und Handhabung chemischer Stoffe als auch in arbeitsmedizinischen Fragen. Letzterer Punkt spielte im Verlauf des Krieges für die Entwicklung von Gasschutzmaßnahmen und der Verbesserung der medizinischen Versorgung eine Rolle.[6]

---

[4] Stevenson, Weltkrieg, S. 73-85; Chickering, Reich, S. 35-41.
[5] Meyer, Gaskampf, S. 41.
[6] Gradmann, Medizin, S. 139.

Frankreich produzierte bereits 1912 Gewehrpatronen, die 19 ml Bromessigsäureethylester enthielten. Diese sogenannten „cartouches suffocantes" wurden anfänglich für die französische Polizei zur Erstürmung von Gebäuden entwickelt. Die Gaspatronen sollten ursprünglich durch ein Fenster in einen geschlossenen Raum geschossen werden und die sich dort aufhaltenden Personen kampfunfähig machen. Einen ähnlichen Effekt erwartete man auch beim Einsatz dieser Waffen im Grabenkrieg, sie sollten den Gegner aus den Schützengräben treiben oder zumindest ihre Einsatzbereitschaft vermindern. Bromessigsäureethylester wirkt reizend auf die Augen und oberen Atemwege, in sehr hohen Konzentrationen verursacht dieser Stoff Lungenschäden, die zum Tod führen können. Zu Beginn des Stellungskrieges begann Frankreich mit der Produktion von Gasgranaten, die, da es zu dem Zeitpunkt an Brom mangelte, mit dem ähnlich wirkenden Chloraceton gefüllt waren. Bald jedoch stellte sich heraus, dass sowohl die ursprünglich für den Häuserkampf entwickelten Gasgewehrpatronen als auch die mit einer etwas größeren Menge Chloraceton gefüllten Gasgranaten im offenen Gelände nahezu wirkungslos waren, da die in ihnen enthaltene Gasmenge zu gering war.[7]
Auch das deutsche Militär experimentierte bereits vor dem Krieg mit chemischen Reizstoffen. Diese Versuche wurden jedoch mangels positiver Ergebnisse bald wieder aufgegeben.[8] Die ersten Überlegungen auf deutscher Seite im Herbst 1914, chemische Kampfmittel im festgefahrenen Krieg einzusetzen, beschreibt Oberst Max Bauer in seinem 1919 erschienenen „Denkschrift betreffend den Gaskampf und Gasschutz". Bauer beschreibt die Verluste der deutschen Truppen bei Angriffen auf französische Dörfer, die daraus resultierten, dass sich die gegnerischen Soldaten in Kellern verschanzen konnten. Um diese Verluste zu senken, „sollten [...] Brand-, Rauch-, Reiz- oder Stinkstoffe konstruiert werden, die entweder das Haus gründlich in Brand setzten oder durch ihre unerträgliche Wirkung auf den Menschen den Aufenthalt in dem beschossenen Hause [...] unmöglich machten."[9] Das Resultat dieser Überlegungen war das sogenannte NI-Geschoss, das mit einem feinen Staub mit augen- und atemwegreizender Wirkung gefüllt war. Der erhoffte Erfolg blieb jedoch aus, denn „die vereinzelte Anwendung der Munition ging unbeachtet vorüber."[10] Ende des Jahres 1914 wurde die Produktion der NI-Geschosse wieder eingestellt. Stattdessen begann man nun mit 15 cm Granaten zu experimentieren, die mit dem ebenfalls augenreizenden Xylylbromid[11] gefüllt waren. Diese sogenannte Granate T konnte mit vier Litern Kampfstoff gefüllt werden und

---

[7] Martinetz, Gaskrieg, S. 9f.; Ders., Giftpfeil, S. 55-58; Trumpener, Ypres, S. 461-463.
[8] Trumpener, Ypres, S. 463f.
[9] Bauer, Denkschrift, S. 71.
[10] Ebenda.
[11] Auch T-Stoff genannt, nach dem Chemiker Hans Tappen, der den Einsatz des Stoffes angeregt hatte. Trumpener, Ypres, S. 465.

erzeugte nach der Explosion einen feinen Nebel aus Xylylbromidtröpfchen.[12] Der erste Einsatz dieses Stoffes auf dem Schlachtfeld erfolgte in der Nähe von Lodz und Bolimow an der Ostfront gegen russische Truppen im Januar 1915. Allerdings schlug der Einsatz fehl, denn aufgrund der tiefen Temperaturen konnte der Stoff nicht verdampfen. Im Laufe des Frühjahres 1915 folgten weitere Versuche an der Westfront mit Xylybromid und anderen Reizstoffen. Sie brachten jedoch allesamt keinen Durchbruch im festgefahrenen Stellungskrieg. Die deutsche Militärführung kam zu dem Schluss, dass nur ein groß angelegter chemischer Angriff mit Stoffen höherer Toxizität einen Erfolg bringen würde.[13]

2. Ypern, 22. April 1915 – Der Beginn des Gaskrieges

> *„Es zeigte sich nun, daß die Anwendung dieser Reizstoffe durchaus nicht genügte, um einen durchschlagenden Erfolg zu erzielen. Ein Durchbruch durch die feindlichen Stellungen konnte nicht erreicht werden, da die Verteidigungskraft des Gegners [...] nicht erschüttert wurde. [...] Neben der Anwendung der Gaskampfstoffe wurde als weitere und sehr wichtige Bedingung für den gewünschten Erfolg der Masseneinsatz von Gaskampfstoffen erkannt. Es musste eine große, viele Quadratkilometer große Fläche mit einer Gaswolke bedeckt werden.“*[14]

Gegen Ende des Jahres 1914 war die deutsche Militärführung somit auf der Suche nach einem Stoff für den Masseneinsatz. Die Lösung bot Fritz Haber, Leiter des Kaiser-Wilhelm-Instituts für physikalische Chemie in Berlin. Haber schlug vor, Chlorgas einzusetzen. Da die Granatenproduktionskapazitäten zu dem Zeitpunkt nicht ausreichten, um genügend Gasgeschosse für einen massiven Angriff herzustellen, sollte das Gas bei günstigen Windverhältnissen in großem Umfang aus Stahlzylindern abgeblasen und so eine ausreichend hohe Konzentration erreicht werden. Der Einsatz von Chlorgas lag schon deswegen nahe, weil die deutsche Farbindustrie diesen Stoff innerhalb kürzester Zeit in großen Mengen herstellen konnte. Zudem ließ es sich verflüssigt und in Stahlflaschen abgefüllt leicht transportieren. In den folgenden Wochen unternahm man zahlreiche Tierversuche, um die benötigte Konzentration zu ermitteln und das Blasverfahren zu testen. Die Vorbereitungen liefen unter strenger Geheimhaltung, um die Alliierten nicht vor dem bevorstehenden Angriff zu warnen. Es wurde ein neues aus drei Pionierkompanien sowie Wissenschaftlern bestehendes Regiment mit dem Tarnnamen „Desinfektionskompanien“ aufgestellt, dessen Aufgabe die Vorbereitung des Fronteinsatzes war. Als Einsatzort wurde ein Frontabschnitt in der Nähe des belgischen Ypern ausgewählt. Das Chlorgas wurde in Stahlflaschen an die Front transportiert. Um sie vor Artilleriebeschuss zu schützen, mussten sie zunächst in Batterien in die Sohle der Schützengräben ein-

[12] Bauer, Denkschrift, S. 72; Martinetz, Gaskrieg, S. 16.
[13] Trumpener, Ypres, S. 469f.; Martinetz, Giftpfeil, S. 57f.; Ders., Gaskrieg, S. 16-18.
[14] Meyer, Gaskampf, S. 42.

gegraben und anschließend mit Sandsäcken bedeckt werden. An den Flaschen waren Bleischläuche angebracht, die aus dem Graben hinausführten und das Gas in die gewünschte Richtung leiten sollten. Um zu vermeiden, dass die Alliierten diese Vorbereitungen bemerkten, erfolgten die Arbeiten nachts. Insgesamt wurden bis zum 10. März 1915 5.730 Gasflaschen in zwei verschiedenen Größen installiert, die je zwanzig bzw. vierzig Kilogramm verflüssigtes Chlor enthielten. Alles in allem standen etwa 150 Tonnen Chlorgas zum Einsatz bereit.[15]

Dieser erste massive Gaseinsatz war bei Offizieren und Wissenschaftlern nicht unumstritten. Neben völkerrechtlichen und moralischen Fragen, auf die später näher eingegangen werden soll, gab es vor allem praktische Bedenken bezüglich des Blasverfahrens und der Abhängigkeit von den Windverhältnissen. Rupprecht von Bayern, Oberbefehlshaber der 6. Armee, brachte diese in seinem Kriegstagebuch zum Ausdruck:

„Da jedoch in Flandern wie Nordfrankreich fast nie Südostwind weht, glaube ich nicht, daß ein von dem Chemiker Dr. Haber erfundenes Kampfverfahren, das baldmöglichst zur Wegnahme von Ypern versucht werden soll, Aussicht auf Erfolg verspricht. [...] Als Dr. Haber mit General v. Falkenhayn vor der ersten Anwendung bei mir weilte, verhehlte ich nicht, daß mir das neue Kampfmittel des Gases nicht nur unsympathisch erscheine, sondern auch verfehlt, denn es sei sicher anzunehmen, daß, wenn es sich als wirksam erwiese, der Feind zum gleichen Mittel greifen würde und bei den vorherrschenden westöstlichen Windrichtung zehnmal öfter gegen uns Gas abblasen könne, als wir gegen ihn.“[16]

Da bei feindlichen Angriffen immer wieder Flaschen beschädigt wurden, lebten die Soldaten in den betreffenden Abschnitten in ständiger Bedrohung vor dem eigenen Gas. General Berthold von Deimling, in dessen Frontabschnitt die Flaschen installiert waren, erwähnt mehrere Unfälle, bei denen es auch einige Todesopfer gab:

„Anfang März wurde mit dem Einbau der unheimlichen Stahlflaschen im vordersten Graben begonnen. Wenige Tage später kamen zwei Gasflaschen durch Granattreffer zur Explosion. Die in der Nähe befindlichen Leute erkrankten schwer. Einer starb an Lungenbluten. Bald darauf wiederholte sich dieser Unglücksfall durch feindliche Gewehrschüsse. Drei Leute wurden durch Gasvergiftung getötet und fünfzig erkrankten. [...] Das Vertrauen der Truppen zu dem grausamen Kampfmittel wurde durch diese Vorkommnisse schwer erschüttert.“[17]

Die Bedenken bezüglich der ungünstigen Windverhältnisse sollten sich bald bestätigen, so dass vom Ende März bis Anfang April 1915 ein Teil der bereits installierten Batterien wieder ausgegraben und an eine günstigere Stelle nordöstlich von Ypern verlegt werden mussten. Am 14. April wurde schließlich der erste Einsatzbefehl erteilt, der Angriff wurde jedoch aufgrund der ungünstigen Windverhältnisse nicht ausgeführt. Dies wiederholte sich mehrmals in den folgenden Tagen. Am 22. April gegen 18 Uhr wurde schließlich der erste massive Chlorgasangriff in der Geschichte gestartet. Die Pioniereinheiten der „Desinfektionstruppe“ öffne-

---

[15] Martinetz, Gaskrieg, S. 18-23; Ders., Giftpfeil, S. 58-66; Trumpener, Ypres, S. 466-472.
[16] Rupprecht von Bayern, Kriegstagebuch, S. 305.
[17] Deimling, Zeit, S. 202.

ten die Verschlüsse der beinahe 6.000 Gasflaschen gleichzeitig. Der günstige Wind trieb 150 Tonnen Chlorgas auf etwa sechs Kilometer Breite auf die französischen Gräben zu. Hinter den Gaswolken rückten deutsche Infanterieeinheiten vor. Als das Gas die gegnerischen Stellungen erreichte, brachen dort Panik und Chaos aus. Die unvorbereiteten französischen Soldaten, die keinerlei Schutzausrüstung gegen einen derartigen Angriff besaßen, flohen aus ihren Gräben. Die Gaswolke riss eine sechs Kilometer breite Lücke in die französische Front.[18]
Chlorgas entfaltet seine Wirkung beim Einatmen in den Lungen. Bei Kontakt mit Wasser spaltet es Salzsäure ab, die zu einer Verätzung des Lungengewebes führt. Als Folge tritt Flüssigkeit in die Lunge ein, es entsteht ein Lungenödem. Die betroffene Person droht zu ersticken. Zudem erfolgt durch den massenhaften Austritt von Blutplasma in die Lunge eine Eindickung des Blutes. Das Herz wird dadurch immer stärker belastet, die Folge kann der Tod durch Herzversagen sein.[19]
Ein französischer Offizier, Augenzeuge des deutschen Gasangriffs bei Ypern, schildert die Wirkung von Chlogas wie folgt:

> *„In der anbrechenden Dunkelheit dieser schrecklichen Nacht kämpften sie mit ihrer Angst, rannten blind in die Gaswolke und stürzten, mit im Todeskampf keuchender Brust. [...] Hunderte von ihnen fielen hin und starben; andere lagen hilflos da, Schaum vor den sterbenden Lippen, ihre gemarterten Körper in kurzen Abständen von heftigen Brechkrämpfen geschüttelt, Tränen der Anstrengung in den Augen. Auch sie würden später sterben, einen langsamen sicheren Tod von unbeschreiblicher Qual.“*[20]

Die Zahl der Opfer unter den französischen Soldaten ist schwer nachvollziehbar. Die Angaben schwanken stark. Nach dem Gasangriff bezifferten die Franzosen ihre Verluste mit 5.000 Toten und 15.000 Verletzten. Nach britischen Angaben betrug die Zahl der Verletzten 7.000, die der Toten 350. Heutige Schätzungen gehen jedoch eher von geringeren Opferzahlen aus.[21]
Trotz aller Geheimhaltungsmaßnahmen des deutschen Militärs erfuhren die Alliierten noch während der Vorbereitungsphase von dem bevorstehenden Gasangriff durch Luftaufklärung, Gefangene und Überläufer. Die Verantwortlichen auf alliierter Seite nahmen diese Informationen jedoch nicht ernst. Sie bezweifelten, dass es den Deutschen gelingen würde, einen wirkungsvollen Gasangriff zu starten. Zudem behinderten die starre Befehlskette und ein „Kompetenzgerangel“ zwischen Hauptquartier und Offizieren Gegenmaßnahmen. So traf der deutsche Gasangriff die alliierten Streitkräfte vollkommen unvorbereitet.[22]
Trotz des panikartigen Rückzugs der französischen Soldaten auf breiter Front brachte der Gasangriff nicht den erhofften Durchbruch für die deutschen Streitkräfte. Dies hatte mehrere

---

[18] Martinetz, Gaskrieg, S. 23f.; Ders., Giftpfeil, S. 65-67; Trumpener, Ypres, S. 474-477.
[19] Gradmann, Medizin, S. 139f.
[20] Schilderung eines französischen Offiziers, zitiert in: Martinetz, Giftpfeil, S. 68.
[21] Martinetz, Gaskrieg, S. 24; Trumpener, Ypres, S. 460.
[22] Martinetz Gaskrieg, S. 25f.

Gründe. So hatte die Gaswolke nicht auf voller Breite die gleiche Konzentration. Einige Abschnitte der französischen Front waren nicht so stark betroffen, so dass den Deutschen der Durchbruch an diesen Stellen nur nach erbitterten Kämpfen gelang.[23] Das weit größere Problem war jedoch das mangelnde Vertrauen der deutschen Heeresleitung in die neue Waffe. Niemand rechnete mit einem Resultat solchen Ausmaßes. Vor dem Angriff am 22. April waren sogar Reserveverbände an die Ostfront verlagert worden. Somit fehlte dem deutschen Vorstoß der Rückhalt und er kam bald zum Stehen.[24]

Diese Fehler der Obersten Heeresleitung fanden ihren Anklang in den späteren Analysen des ersten deutschen Gasangriffs bei Ypern. So bezeichnet Julius Meyer den „Eindruck" des Gasangriffes, den er beim Gegner hinterlassen habe als „ungeheuer", „der Erfolg" sei „ganz erheblich" gewesen. Allerdings beklagt Meyer, dass „er taktisch nicht genügend ausgenutzt" worden sei, „da in älteren Ansichten großgewordenen Führer eine so gewaltige Wirkung nicht voraussehen konnten und sich darauf vorbereitet hatten."[25] Auch Deimling kommt zu dem Schluss, dass wenn „auf deutscher Seite genügend Reserven vorhanden gewesen [wären], so hätten unsere Truppen bis auf Ypern durchstoßen können."[26] Der Chemiker Rudolf Hanslian sieht es in seiner Analyse des deutschen Gasangriffs bei Ypern ähnlich:

> *„General von Falkenheyn schätzte die Wirkungsmöglichkeit der Gaswaffe nur gering ein. Demzufolge verweigerte er dem AOK. 4 die Bereitstellung einer Division zur Aufrollung des Ypernbogens. Es fehlt ihm also an Vorstellungskraft, daß diese Waffe bei einem überraschenden Einsatz gegen einen ungeschützten Gegner durchschlagend wirken könne."*[27]

Hanslian folgert daraus, „daß höchstwahrscheinlich bei klarerer Zielsetzung der Obersten Heeresleitung […], ganz bestimmt aber bei der Bereitstellung einer weiteren Division der Ypernbogen fiel und anschließend sehr wesentliche Auswirkungen zu erwarten standen."[28] General Erich von Tschischwitz bemerkt:

> *„Es ist höchst bedauerlich, daß dieser Gasangriff wie ein Feuerwerk verpufft ist. Einmal angewendet, deckte er die Karten auf und veranlaßte den Gegner, seinen Gasschutz zu organisieren. […] Er artete aus in ein unnützes Bataillieren um Geländegewinn und richtete die Stimmung der Welt wegen der Anwendung von Gas gegen uns. […] Zur Erzielung eines strategischen Erfolges großen Ausmaßes nach gelungenem Durchbruch wären jedoch erheblich stärkere Kräfte erforderlich gewesen, die damals eben nicht zur Verfügung standen. […] Dieser Angriff wäre somit in dieser Form besser unterblieben!"*[29]

Der deutsche Gasangriff am 22. April 1915 bei Ypern war somit aus militärischer Sicht ein Misserfolg. Ein Ende des Stellungskrieges war weiterhin nicht in Sicht. Zudem entfesselte

---

[23] Martinetz, Giftpfeil, S. 67.
[24] Harris, Geschichte, S. 15; Brauch, Alptraum, S. 64.
[25] Meyer, Gaskampf, S. 43.
[26] Deimling, Zeit, S. 203.
[27] Hanslian, Gasangriff, S. 80.
[28] Ebenda, S. 80f.
[29] Stellungnahme von General Erich von Tschischwitz zum Gasangriff bei Ypern im April 1915, zitiert in: Hanslian, Gasangriff, S. 89-91.

dieser erste massive Einsatz chemischer Kampfmittel ein Wettrüsten zwischen den Kriegsparteien und einen Gaskrieg ungeahnten Ausmaßes.

3. Das chemische Wettrüsten 1915-1918

> *„Denn schon bald nach jenem ersten entscheidenden Angriff der Deutschen begann das bis zum Kriegsende zu beobachtende Spiel zwischen dem fieberhaften Suchen nach einem neuen und wirksameren Kampfstoff und einer verbesserten Form seines Einsatzes einerseits und einer sich bis zur Sicherheit steigernden Vervollkommnung des Gasschutzes und der Gasabwehr andererseits."*[30]

In den Jahren 1915-1918 wurde von den Kriegsparteien eine Reihe von chemischen Kampfstoffen verwendet. Diese lassen sich grob in Gruppen unterteilen. Die wichtigsten Vertreter dieser Gruppen sollen nun kurz im ereignisgeschichtlichen Kontext näher erläutert werden. Daneben wurden noch zahlreiche andere Stoffe verwendet, jedoch auf diese näher einzugehen, würde den Rahmen dieser Arbeit sprengen.

Die Bezeichnungen der Gruppen, in welche die Kampfstoffe eingeteilt wurden, variierten von Nation zu Nation. Zur Vereinfachung sollen im Folgenden die deutschen Gruppennamen verwendet werden. Das deutsche Militär markierte ihre Gasbehälter und -granaten mit farbigen Kreuzen. Ein weißes Kreuz (Weißkreuz) bezeichnete Tränenreizstoffe, ein grünes (Grünkreuz) die lungenschädigenden Kampfstoffe, ein blaues (Blaukreuz) die Nasen-Rachen-Reizstoffe und ein gelbes Kreuz (Gelbkreuz) die hautschädigenden Stoffe. Kampfmittel aus der Weiß- und Grünkreuzgruppe wurden bereits erwähnt. So gehören Xylylbromid sowie Chloraceton zu den Tränenreizstoffen. Das bei Ypern verwendete Chlorgas ist hingegen ein lungenschädigender Kampfstoff der Grünkreuzgruppe.[31]

Nach dem ersten deutschen Einsatz von Chlorgas am 22. April 1915 erfolgten bis Mitte Mai weitere Blasangriffe auf die alliierten Streitkräfte in der Nähe von Ypern. Aber auch diese Attacken brachten keinen Durchbruch.[32] Ende Mai 1915 verwendete die deutsche Armee bei Bolimov an der Ostfront wiederum Chlorgas, dem aber nun auch Phosgen beigemischt war. Über 1.000 russische Soldaten starben, knapp 9.000 wurden verletzt. Der militärische Erfolg war jedoch auch hier gering, da viele Russen durch eine zu niedrige Chlorkonzentration und der verzögerten Wirkung von Phosgen noch einsatzbereit waren.[33] Phosgen gehört wie Chlor zur Grünkreuzgruppe, ist jedoch etwa achtzehnmal stärker. Es ist besonders tückisch, denn nach dem Einatmen einer durchaus tödlichen Menge verspürt das Opfer lediglich einen vorü-

[30] Muntsch, Leitfaden, S. 12.
[31] Martinetz, Gaskrieg, S. 171-175; Ders. Giftpfeil, S. 60.
[32] Trumpener, Ypres, S. 478f.
[33] Brauch, Alptraum, S. 66; Martinetz, Giftpfeil, S. 72.

bergehenden Hustenreiz. Während einer mehrstündigen Latenzzeit, während der zunächst häufig keinerlei Symptome festgestellt werden können, entsteht ein Lungenödem, das zum Tod führen kann. Ein britischer Augenzeuge schildert die Folgen eines deutschen Phosgenangriffs am 19. Dezember 1915 wie folgt:

> *„Dreißig oder vierzig Soldaten verließen den Schützengraben, um sich krank zu melden. Um die Straße zu erreichen, mußten sie eine Strecke von ungefähr fünfhundert Metern zurücklegen, durch ein sehr hügeliges und schlammiges Gelände. Diese Anstrengung [...] verursachte eine beträchtliche Änderung ihrer Verfassung, und als sie die Straße erreichten, waren sie völlig entkräftet und unfähig, ihren Weg fortzusetzen. [...] Die Geschichte derjenigen, die pflichtgemäß im Graben blieben, war noch eindrucksvoller. Ein Soldat, der sich recht gut fühlte, war dabei, Sandsäcke zu füllen, als er zusammenbrach und plötzlich starb. Noch zwei weitere kamen an diesem Abend auf gleiche Weise um.“*[34]

Bei Überlebenden kann die Phosgenvergiftung auch Langzeitlungenschäden wie z. B. ein Bronchialasthma verursachen. Schätzungen zufolge wurden etwa 80% der Gastoten während des Ersten Weltkriegs Opfer dieses Stoffes.[35]

Nach diesen Angriffen begannen Frankreich und Großbritannien ebenfalls mit dem Aufbau der nötigen Strukturen zur Entwicklung und Produktion eigener chemischer Kampfstoffe. Am 25. September 1915 führten die Briten den ersten Blasangriff mit 150 Tonnen Chlorgas auf die deutschen Linien in der Nähe des belgischen Loos durch. Zwar brach die deutsche Front auf zwölf Kilometer Breite auf, aber auch die Briten konnten keinen Durchbruch erzielen.[36]

Im Februar 1916 setzte Frankreich zum ersten Mal Phosgengranaten ein. Im Mai 1916 führten die Deutschen das Diphosgen, auch Perstoff genannt, ein, das eine ähnliche Wirkung wie Phosgen hat. Im Juli desselben Jahres verwendete Frankreich zum ersten Mal Blausäure. Dieser Stoff ist ein Nervengift, das keine Reizwirkung besitzt und auch über die Haut aufgenommen werden kann. Eine gewisse Menge Blausäure kann der Körper entgiften, sie ist daher erst ab einer bestimmten Dosis wirksam. Wird diese Dosis überschritten, droht eine Lähmung des Atemzentrums und somit der Tod. Beim ersten Blausäureneinsatz konnten die Franzosen die nötige Gefechtskonzentration nicht erreichen, so dass sie davon ausgingen, dass dieser Stoff für den Feldeinsatz ungeeignet sei. Blausäure wurde daher kaum noch eingesetzt.[37]

Ab der Mitte des Jahres 1917 verwendeten die deutschen Streitkräfte zum ersten Mal Kampfstoffe aus der Blaukreuzgruppe. Diese Mittel bestehen aus sehr feinen Schwebstoffen und waren in der Lage, die Gasmasken der Alliierten zu durchdringen. Zwar können sie in sehr hohen Konzentrationen Lungen- und Nervenschäden verursachen, doch diese Wirkung war zweitrangig. Diphenylarsinchlorid (Clark I, Abkürzung für Chlorarsin-Kampfstoff) und Di-

---

[34] Augenzeugenbericht vom 19. Dezember 1915, zitiert in: Harris, Geschichte, S. 32.

[35] Gellermann, Krieg, S. 22f.; Martinetz, Giftpfeil, S. 79.

[36] Harris, Geschichte, S. 25-29; Martinetz, Giftpfeil, S. 72.

[37] Martinetz, Giftpfeil, S. 74-81; Gellermann, Krieg, S. 26f.

phenylarsincyanid (Clark II), zwei Stoffe der Blaukreuzgruppe, verursachen eine extreme Reizung des Nasen-Rachen-Raumes mit Hustenreiz und unerträglichen Kopf- und Brustschmerzen. Diese auch als „Maskenbrecher“ bezeichneten Stoffe sollten die gegnerischen Soldaten zu einem Herunterreißen ihrer Gasmasken bringen. Zusammen mit Blaukreuz verschoss man auch hauptsächlich Diphosgen (das sogenannte „Buntkreuzschießen“ bzw. „Buntschießen“). Diesem tödlichem Gas waren die Soldaten dann schutzlos ausgeliefert.[38]

Ebenfalls Mitte 1917 führten die Deutschen einen zweiten bis dahin nicht verwendeten Kampfstoff ein. Dieser Stoff gehörte zur Gelbkreuzgruppe und trug bei den Deutschen die Bezeichnung Lost (benannt nach den Anfangsbuchstaben seiner Tester, der beiden Chemiker Lommel und Steinkopf). Die Briten nannten den Stoff Mustard Gas nach seinem Geruch, die Franzosen bezeichneten ihn als Ypérite, da er bei Ypern zuerst eingesetzt wurde. Lost besitzt eine Reihe neuer Eigenschaften, welche die bis dahin eingesetzten Stoffe nicht hatten. Lost wirkt sowohl über die Atemwege als auch über die Haut und die Augen. Wie Phosgen hat auch Lost eine mehrstündige Latenzzeit, während der keine Symptome auftreten. Da man den typischen Geruch nach Meerrettich, Knoblauch und Senf überdecken kann, merkten die betroffenen Soldaten zunächst nichts von einem Angriff. Lost kann Uniformen und Stiefel durchdringen, ein Ganzkörperschutz gegen diesen Stoff existierte 1917 noch nicht. Mehrere Stunden nach dem Einatmen des Gases kommt es zu Schwellungen der Atemwege und zu einem Lungenödem und einer bakteriellen Lungeninfektion, die tödlich enden können. Hautstellen, die mit Lost in Kontakt kamen, röten sich, es bilden sich Blasen und sehr schwer heilende Geschwüre. An den Augen bewirkt Lost langwierige Entzündungen. Auch innere Organe wie z.B. die Nieren können geschädigt werden, als Spätfolge ist ein erhöhtes Krebsrisiko gegeben.[39] Der Arzt Herrmann Büscher schildert die Wirkung von Lost nach einem Arbeitsunfall mit diesem Stoff im Jahre 1922:

> *„Es herrscht in dem Krankenzimmer eine gedrückte Stimmung. Die Kranken tragen große Verbände. Die Augenlieder der Kranken sind zum Teil vollkommen verquollen, auch die Gesichter sind verquollen und aufgedunsen. Die Stimme ist tonlos, der Husten ist bellend und heiser. Die Kranken liegen zusammengekauert da, mißmutig und verzweifelt. [...] Wenn man sie neu verbinden will, dann bitten und flehen sie: nur nicht an den Verbänden zu rühren; nur nicht neu verbinden! Denn sie hätten so gräßliche Schmerzen. Es gibt Kranke, die schon monatelang hier im Revier liegen. So außerordentlich schlecht heilen die Wunden.“*[40]

Lost ist ein sehr beständiger Stoff, der das Gelände je nach Witterung wochenlang vergiften kann. Diese Eigenschaft wurde auch taktisch eingesetzt, indem man Gebiete gezielt mit Lost verseuchte, damit diese sogenannten „gelben Räume“ vom Gegner nicht mehr betreten wer-

---

[38] Martinetz, Giftpfeil, S. 84f; Ders. Gaskrieg, S. 76; Gellermann, Krieg, S. 24.

[39] Gellermann, Krieg, S. 24-26; Martinetz, Giftpfeil, S. 87-90.

[40] Büscher, Giftgas, S. 118.

den konnten.[41] Einen anschaulichen Bericht liefert der französische Arzt Raoul Mercier über einen deutschen Lostangriff in der Nacht vom 31. Juli auf den 1. August 1917 bei Verdun. Demnach verschossen die Deutschen in dieser Nacht „neue 77-mm-Geschosse, welche blau gestrichen waren und ein gelbes Kreuz trugen.“ Mercier weist auf „einen leicht stechenden Geruch, der keineswegs unerträglich war“, hin. „Erst nach sechs Stunden“, fährt Mercier fort, „traten die ersten Vergiftungserscheinungen [...] zutage.“ Als Symptome nennt er „heftige Bindehautentzündungen [...], eine brennende Blasenbildung“, die „sich unter den Kleidern fort[setzte]“ und eine „Beschädigung der Lungen“. Die Verzögerung, mit der die Symptome auftraten, betrug bis zu neun Tage. Nur etwas mehr als die Hälfte der Vergifteten erkrankte am Tag des Angriffs.[42] Die genaue Verteilung verdeutlicht Diagramm 1 im Anhang.

Ab der Mitte des Jahres 1918 waren auch Frankreich und Großbritannien in der Lage, Lost zu produzieren. Der Einsatz chemischer Kampfmittel erreichte damit kurz vor Kriegsende eine neue Dimension. Schätzungen zufolge wurden etwa 400.000 Soldaten auf beiden Seiten allein durch Lost geschädigt. Die Sterblichkeitsrate war zwar geringer als bei Phosgen, jedoch verursachten die extrem langsam heilenden Geschwüre sehr lange Behandlungszeiten bei den betroffenen Soldaten.[43]

Im Verlauf des Gaskrieges änderten sich auch die Taktiken, mit deren Hilfe man das Gas in die gegnerischen Linien brachte. Bei den ersten Gaseinsätzen dominierte noch das Blasverfahren, das bereits beim massiven Gasangriff bei Ypern verwendet wurde. Dieses Verfahren verlor jedoch zumindest bei den deutschen Streitkräften bald an Bedeutung, denn es hatte für sie einen großen Nachteil. An der Westfront herrschten nur selten für die deutsche Seite günstige Windverhältnisse.[44] Deimling beschreibt einen im Mai 1915 von seinen Truppen ausgeführten Blasangriff, der den deutschen Soldaten beinahe zum Verhängnis wurde:

> *„Für uns schien sich am 1. Mai die Chance zu bieten, den Feind auf Höhe 60 durch Gas auszuräuchern. Die Feldwetterstation hatte Wind aus Südost gemeldet. Um acht Uhr abends wurden beim Regiment 105 etwa sechzig Flaschen aufgedreht, aber die Gaswolke strich nicht zum Feinde, sondern an unserem Graben entlang nach rechts. Eine Anzahl Erkrankungen war die Folge.“*[45]

Den Alliierten dagegen boten die Windverhältnisse einen Vorteil. Großbritannien nutzte dies in besonderem Umfang und führte bis Kriegsende etwa 150 Blasangriffe durch, dreimal so viel wie die Deutschen. Das Blasverfahren wurde bei den deutschen Streitkräften dagegen bald durch das Verschießen von Gasgranaten und -minen verdrängt. 1917 führten die Briten neue Gaswerfer, die sogenannten Livens-Projektoren, ein, mit denen sie mit bis zu 17 Kilo-

---

[41] Gellermann, Krieg, S. 25; Martinetz, Giftpfeil, S. 87.

[42] Mercier, Soldat, S. 340f.

[43] Martinetz, Giftpfeil, S. 91f.; Gradmann, Medizin, S. 147-150.

[44] Martinetz, Giftpfeil, S. 97.

[45] Deimling, Zeit, S. 203.

gramm Kampfstoff gefüllte Flaschen über drei Kilometer weit verschießen konnten. Tausende solcher Gaswerfer wurden zu ganzen Batterien zusammengeschaltet, mit denen ein extrem massiver Beschuss möglich war. Deutschland entwickelte bald einen eigenen Gaswerfer mit ähnlich verheerender Wirkung.[46] Mercier verdeutlicht dies:

> *„Mit dem Jahre 1917 verschwinden die Angriffe durch Gaswolken und werden durch neue Angriffsmittel ersetzt [...], nämlich die Projektoren (Gaswerfer). – In einer einzigen Nacht können 40 Batterien mit je 25 Werferrohren auf einer Frontbreite von 2 km aufgestellt werden. Durch elektrische Zündung war es so möglich, mit einem einzigen Schlag 1000 Bomben, welche mit 13 000 kg Phosgen geladen sind, zu schleudern."*[47]

Eine beliebte deutsche Taktik war es, innerhalb kürzester Zeit eine so hohe Gaskonzentration zu erreichen, dass diese von den gegnerischen Gasmasken nicht bewältigt werden konnte. Die Alliierten setzten dagegen auf eine andere Taktik. Sie versuchten, eine gewisse Gaskonzentration über Tage aufrechtzuerhalten, um die Deutschen durch das ständige Tragen der Maske zu zermürben.[48]

4. Gasschutz und medizinische Versorgung

4.1. Gasschutz

> *„Es ist eine alte Erfahrungstatsache, die sich aus der Kriegsgeschichte aller Völker und Zeiten ergibt, daß jede neue Waffe im Augenblick ihres Entstehens den Keim zur Abwehr in sich birgt."*[49]

Mit Fortschreiten des Krieges und dem Einsatz immer neuerer und wirksamerer chemischer Kampfstoffe wurden auch immer bessere und leistungsfähigere Gasschutzmaßnahmen entwickelt. Der wichtigste Schutz des Soldaten war wohl die Gasmaske. Sowohl bei den deutschen als auch bei den alliierten Streitkräften wurden im Verlauf des Krieges immer wirkungsvollere Masken entwickelt. Die Pioniere, die den ersten deutschen Blasangriff bei Ypern vorbereiteten, trugen Sauerstoffgeräte aus dem Bergbau zu ihrem Schutz vor ausströmendem Gas. Die Infanterietruppen, die beim Angriff der Gaswolke folgen sollten, waren schlechter ausgerüstet, sie besaßen nur einen Wollbausch, der mit einer Natriumthiosulfatlösung getränkt war. Dieser sogenannte „Atemschützer" war eine sehr dürftige Maßnahme gegen das damals verwendete Chlorgas. Bereits im August 1915 entwickelte Deutschland die „Heeresgasmaske". Sie bestand aus gummiertem Stoff und deckte das gesamte Gesicht ab. Zudem besaß die Maske einen abschraubbaren Filtereinsatz mit einer Filterschicht aus mit einer Pottaschelösung getränktem Diatomit und Aktivkohle. Hauptsächlich sollte diese Maske vor Chlorgas

[46] Martinetz, Giftpfeil, S. 93-97.
[47] Mercier, Soldat, S. 340.
[48] Martinetz, Giftpfeil, S. 93-97.
[49] Hanslian, Gasabwehr, S. 187.

schützen. Jeder Soldat führte einen Ersatzfilter mit sich, so dass dieser bei Bedarf gewechselt werden konnte. 1916 löste die „Deutsche Rahmenmaske" ihr Vorgängermodell ab. Diese hatte eine verbesserte Passform und eine höhere Dichtigkeit. Auch der Filtereinsatz erfuhr eine Neuerung, der Einschichteneinsatz wurde durch den Dreischichteneinsatz „Modell 11/11" ersetzt. Dieser schützte nun auch gegen Phosgenangriffe. 1917 führte man die „Deutsche Ledermaske" ein. Wie der Name schon sagt, bestand sie aus Leder, die gasdicht imprägniert war. Grund hierfür war die zu dem Zeitpunkt in Deutschland herrschende Kautschukknappheit. Diese Maske wies eine noch höhere Dichtigkeit auf. Zudem wurden die Augengläser mit Gelatine behandelt, so dass sie beim Tragen nicht mehr beschlugen. 1917 wurde auch der Einsatz verbessert, der neue „11/C/11-Einsatz" hatte im Vergleich zum Vorgängermodell eine erweiterte Aktivkohlemittelschicht. Dadurch wurde der Einsatz an die Weiterentwicklung der verwendeten Kampfstoffe angepasst, zudem konnte der Atemwiderstand gesenkt werden. 1918 wurde die Ledermaske weiter optimiert, ihre Dichtigkeit und Passgenauigkeit verbessert. 1918 wurde wieder ein neuer Einsatz eingeführt, der sogenannte „Sonntagseinsatz". Diese Einsätze wurden so genannt, weil sie in den ersten Produktionsmonaten Herstellungdaten von Sonntagen trugen. Der Einsatz hatte nur zwei Schichten, die Außenschicht des Vorgängermodells entfiel zugunsten einer größeren Kohleschicht. Er schützte nun noch besser vor Phosgen und Blausäure. Auch ein Schutz gegen Stoffe der Blaukreuzgruppe wurde entwickelt, dieser bestand aus einem Schnappdeckel mit einem besonderen Filter, der außen am Einsatz der Gasmaske befestigt wurde. Allerdings erhöhte dieser Deckel den Atemwiderstand und schützte nur unzureichend vor Blaukreuzkampfstoffen.[50]

Die ersten Gasschutzmaßnahmen der Briten und Franzosen waren, da sie auf einen derart massiven Angriff nicht vorbereitet waren, nur sehr unzureichend bis nicht vorhanden. Sie bestanden aus einfachen Lappen, die mit Kaffee, Tee oder gar Urin getränkt waren.[51] Die ersten französischen Masken bestanden aus mehreren Mullschichten, die mit unterschiedlichen Lösungen getränkt waren, zudem trugen die Soldaten eine Schutzbrille. Im Januar 1916 führte Frankreich eine Kopfhaube ein, die den gesamten Kopf bedeckte. Das Gewebe der Haube war luftdurchlässig und war mit verschiedenen Lösungen getränkt. Diese Haube hatte mehrere Nachteile. Die Handhabung war sehr umständlich, es dauerte lange, sie aufzusetzen. Außerdem entwickelte sich unter der Haube ein Hitzestau, der besonders im Sommer zum Problem wurde. Die Chemikalien, mit denen die Haube getränkt war, reizten zudem die Augen. Die Haube wurde recht schnell von der „Masque M2 (L.T.N.)" abgelöst. Diese war nur auf das Gesicht beschränkt, der Träger atmete auch hier durch den luftdurchlässigen und mit Chemi-

[50] Hanslian, Gasabwehr, S. 192-205.
[51] Ebenda, S. 188f.

kalien getränkten Stoff der Maske. Ebenfalls 1916 entwarf man den „Büchsenatmer Tissot". Dieser bestand aus einer Maske und einer Filterbox, die auf dem Rücken getragen wurde und durch einen Schlauch mit der Maske verbunden war. Die Büchse enthielt mehrere Schichten Filterstoffe. 1917 wurde das Gerät verbessert, indem die Büchse verkleinert wurde. Ihr Gewicht wurde von über vier Kilogramm auf knapp zwei Kilogramm reduziert. 1917 führte man zudem die „Masque A. R. S. (Appareil respiratoire spécial)" ein. Sie ähnelte sehr stark den deutschen Modellen und bestand aus einer Kautschukmaske und einem abschraubbarem Einsatz. Ein Unterschied bestand zur deutschen Maske, denn wie schon bei Tissots Gerät waren bei der „Masque A. R. S." Ein- und Ausatemweg getrennt.[52]

Neben ähnlichen Lappen wie sie die Franzosen im Frühjahr 1915 verwendeten, benutzten die britischen Soldaten noch ein anderes Provisorium. Es bestand aus einer mit feuchter Erde gefüllten Weinflasche, deren Boden abgeschlagen wurde. Geatmet wurde durch den Flaschenhals, die Erde sollte die Atemluft filtern. Dieser sehr einfache Schutz soll nach Hanslian durch die Beobachtung entstanden sein, dass Schweine eine längere Gaseinwirkung überleben konnten, indem sie ihre Nasen in feuchter Erde eingruben.[53] Die ersten Gasmasken bestanden auch bei den Briten aus mehreren getränkten Mullschichten. Noch 1915 entwickelte Großbritannien die „P. H.-Haube". Sie war wohl das Vorbild für die bereits erwähnten französischen Schutzhauben. Sie funktionierte nach dem bereits beschriebenen Prinzip und hatte die gleichen Nachteile. 1916 verkleinerte man die Haube. Sie bestand nun aus Gummi, geatmet wurde durch eine Büchse mit drei Schichten Filtermaterial. Da sich dieses Modell als unzureichend erwies, entwickelte man den „Box-Respirator". Diese bestand aus einer Maske, die jedoch nur Mund und Nase bedeckte, die Augen wurden durch eine Brille geschützt. Geatmet wurde durch eine vergrößerte Version der Atembüchse des Vorgängermodells, die auf der Brust getragen wurde. Im September 1916 wurde die Filterbüchse verkleinert und ihr Gewicht somit reduziert. 1917 wurde die Maske verbessert, sie schützte nun das gesamte Gesicht, die Filterbüchse wurde beibehalten. Im April 1917 entwickelte man eine „Extension-Box" für die Büchse, die nun einen besseren Schutz gegen Phosgen bot. 1918 wurden „Extension-Box" und Filterbüchse zur „Einheitsbox" vereinigt. Diese Kombination hatte zwar einen hohen Atemwiderstand, bot aber auch einen guten Schutz.[54]

[52] Hanslian, Gasabwehr, S. 207-212.
[53] Ebenda, S. 189.
[54] Ebenda, S. 213-218.

Die amerikanischen Streitkräfte hatten zum Zeitpunkt des Kriegseintritts der USA 1917 keine eigenen Gasmasken. Sie übernahmen daher den englischen „Box-Respirator" und entwickelten ihn weiter.[55]
Auch die russischen Streitkräfte verwendeten anfangs getränkte Mullbinden. Da Russland zunächst kein eigenes Modell entwickeln konnte, verwendete man britische, französische und auch erbeutete deutsche Masken. 1916 führte man die „Zelinski-Kummandt-Maske" ein. Sie bedeckte den ganzen Kopf und hatte eine mit Holzkohle gefüllte Filterbüchse. Bis zum Frühjahr 1917 entwickelte man die Maske „Type Awaloff". Sie bestand aus der Maske des Vorgängermodells mit einer verbesserten Atembüchse.[56]
Auch die zahlreichen von allen Kriegsparteien an der Front verwendeten Pferde wurden durch Masken und spezielle Stiefel geschützt.[57]
Neben der Gasmaske gab es noch weitere Schutzmaßnahmen. So wurde mit dem Erscheinen der Gelbkreuzkampfstoffe ein Ganzkörperschutz entwickelt. Auch die Unterstände versuchte man durch Schutzvorrichtungen aus imprägniertem Stoff und verschiedenen Filtern gegen Gas abzudichten, um den Soldaten während eines längeren Gasangriffs eine Erholung gönnen zu können.[58] Meteorologische Messstationen und Frontlabore zur Auswertung eines Angriffs spielten ebenfalls eine Rolle beim Gasschutz. Als „Frühwarnsysteme" verwendete man auf allen Seiten Tiere, die besonders empfindlich auf ein bestimmtes Gas reagierten. So konnte man z.B. aus dem Verhalten von Katzen auf bereits niedrige Konzentrationen von Phosgen schließen.[59] Die vielleicht wichtigste aller Schutzmaßnahmen war die Einhaltung einer strengen Gasdisziplin und die richtige Handhabung der Gasmasken. Auf die Bedeutung des letzteren Punktes weist eine Statistik des französischen Arztes Lévêque hin. Demnach verursachten während eines deutschen Blasangriffs mit Chlorgas im Januar 1917 auf französische Truppen schlecht angebrachte und zu früh abgenommene Masken insgesamt knapp 60% der gasbedingten Vergiftungen.[60]

---

[55] Hanslian, Gasabwehr, S. 223f.
[56] Ebenda, S. 218-223.
[57] Martinetz, Giftpfeil, S. 65.
[58] Hanslian, Gasabwehr, S. 235-240.
[59] Martinetz, Giftpfeil, S. 96.
[60] Mercier, Soldat, S. 340.

4.2. Medizinische Versorgung

„Der Sanitätsdienst wird in erster Linie vom Gaskampf mit betroffen, und zwar infolge der Verluste, welche gleichzeitig in Bezug auf Raschheit, Zahl und Eigenschaft Veränderungen erleiden.“[61]

Die medizinische Versorgung gasverletzter Soldaten beschränkte sich hauptsächlich auf symptomatische Maßnahmen, obwohl die Pathologie vieler kampfgasbedingter Erkrankungen bekannt war. So wurde bei Chlorgasvergiftungen ein Aderlass vorgenommen, um den Kreislauf zu entlasten, zusätzlich verabreichte man Mittel zur Stimulierung der Herztätigkeit. Bettruhe und die Gabe von Sauerstoff waren weitere Maßnahmen. Auch bei Gelbkreuzvergiftungen wurden die Patienten hauptsächlich symptomatisch behandelt, indem man die Blasen an der Haut abtrug und eine aufwendige Wundpflege betrieb. Auf deutscher Seite wurde die medizinische Versorgung der Gaskranken mit Fortschreiten des Krieges immer weiter ausgebaut, systematisiert und vereinheitlicht. Das medizinische Personal an der Front erhielt Informationsmaterialien zur Versorgung der Kampfgasvergiftungen. Zur Erforschung der verwendeten Kampfstoffe wurde am Kaiser-Wilhelm-Institut für physikalische Chemie in Berlin eine Abteilung für Toxikologie errichtet. Ab dem Beginn des Jahres 1917 wurden an der Westfront Gaslazarette eingerichtet.[62] Einige Informationen zum Aufbau eines solchen Lazaretts liefert der 1934 erschienene dritte Band des „Sanitätsberichts für das Deutsche Heer“. Demnach wurden die Gaslazarette frontnah errichtet, „da selbst Leichtkranke eine längere Fahrt nicht vertrugen“.[63] Die Lazarette wurden nicht nur zur Behandlung der verwundeten Soldaten verwendet sondern auch zur Ausbildung der Ärzte, die ihre Erfahrungen in anderen Lazaretten weitergeben und verwenden konnten. Zwischen den Ärzten eines Gaslazaretts herrschte eine strenge Arbeitsteilung. Einer war für die Verteilung der eingelieferten Patienten verantwortlich, ein anderer verabreichte Herzmittel, ein dritter nahm den Aderlass vor. Da, wie schon erwähnt, die Wirkung einiger Kampfstoffe mit Verzögerung eintrat, wurde den Soldaten bei Vergiftungsverdacht eine mindestens 24-Stündige Beobachtungszeit gewährt. Diese konnte gerade bei Verdacht auf Gelbkreuzeinwirkung auf bis zu fünf Tage ausgedehnt werden.[64] Der Bericht weist auch auf den langwierigen Heilungsprozess nach Gelbkreuzvergiftungen hin:

„Selbst leichte Fälle brauchten 10 bis 20 Tage zur Rückkehr zur Truppe. Mittelschwere Fälle [...] brauchten 4 bis 8 Wochen bis zur Heilung.“[65]

---

[61] Mercier, Soldat, S. 382.

[62] Gradmann, Medizin, S. 140-147

[63] Sanitätsbericht, S. 178. Dagegen Bauer: *„Der Schwerverwundete ist im allgemeinen nicht transportfähig und kommt darum nicht unter die Hände des Pflegepersonals hinten in den Lazaretten. Der Schwergaskranke bleibt immer transportfähig.“* Bauer, Denkschrift, S. 71. Bauer argumentiert an dieser Stelle für die Humanität von Gaswaffen (vgl. nächstes Kapitel).

[64] Sanitätsbericht, S. 178f.

[65] Ebenda, S. 179.

Wegen den besonderen Eigenschaften des Gelbkreuzes war große Vorsicht beim Umgang mit der vergifteten Kleidung der Verletzten geboten. Unter Umständen mussten den Soldaten die Haare abgeschnitten werden. Neu eingelieferte Patienten waren von den Genesenden zu trennen.[66] Diese sehr aufwendige und lange Behandlung der Lostvergifteten stellte für das ohnehin schon geschwächte deutsche Heer in den letzten Kriegsmonaten ein zunehmend großes Problem dar. Zudem gab es immer mehr Simulanten, die eine Gelbkreuzvergiftung vortäuschten, indem sie sich Seife in die Augen rieben oder ihre Haut mit Essigsäure verätzten.[67] Das Ergebnis der Tatsache, dass die Alliierten ab der Mitte des Jahres 1918 begannen selbst Lost gegen die deutschen Truppen einzusetzen, lässt sich an einer Statistik des Sanitätsberichtes über den Zugang an Gaskranken in den Lazaretten des deutschen Heeres ablesen. Im Mai 1918 gab es 3.264 Zugänge. Diese Zahl verdoppelte sich beinahe im Juni auf 6.017. Im Juli verdoppelte sich diese Zahl wiederum auf 12.794. Dies sind Dimensionen, die in der im Januar 1916 mit der Zahl 100 beginnenden Statistik vorher bei Weitem nicht erreicht wurden.[68]
Auch die Alliierten mussten die medizinische Versorgung ihrer gasverwundeten Soldaten auf die sich ändernden Umstände im Verlauf des Krieges einstellen. Mercier liefert einige Informationen zum Versuch des französischen Sanitätsdienstes, auf die Verwendung von Lost durch die deutschen Streitkräfte zu reagieren. Demnach experimentierte man im letzten Kriegsjahr mit einer dreigliedrigen Sanitätstaktik. Die erste Maßnahme bestand aus einer prophylaktischen Dusche und Reinigung der Kleidung sowie eine Augenspülung mit einer bikarbonisierenden Flüssigkeit von solchen Soldaten, die zwar mit Lost in Kontakt gekommen waren, aber keine Symptome zeigten. Hierzu wurden spezielle Dusch- und Desinfektionsfahrzeuge mitgeführt. Diese Methode wurde allerdings erst im August 1918 entwickelt. Die zweite Maßnahme bestand aus der Aussonderung der Leichtverletzten, die innerhalb der nächsten Tage wieder einsatzfähig sein konnten. Sie wurden für diese Zeit in einem frontnahen Hilfsspital untergebracht. Nach Angaben eines französischen Frontarztes betrug der Anteil dieser leichtverletzten Soldaten 27% aller Gasverletzten. Die dritte Maßnahme sah einen möglichst schnellen Abtransport der Schwerverletzten vor. Zudem wurden Ende 1917 die sogenannten „Z-Formationen“ eingerichtet. Diese Ambulanzen dienten zunächst dazu, die vergifteten Soldaten von anderen Verwundeten auszusondern. Erst ab Juli 1918 wurden sie angesichts der rapide steigenden Zahl der Gasverletzungen zu spezialisierten Behandlungsstationen ausge-

[66] Sanitätsbericht, S. 179.
[67] Gradmann, Medizin, S. 149-152.
[68] Sanitätsbericht, Tafel 123, S. 130*.

baut. Dennoch waren die Kapazitäten auch bei den Franzosen längst nicht mehr ausreichend, um die zahlreichen kampfgasvergifteten Soldaten im eskalierenden Gaskrieg zu versorgen.[69] Viele der Gasverwundeten trugen Langzeitschäden davon, welche sie ihr ganzes restliches Leben lang beeinträchtigen sollten. Laut einer Statistik der Weltgesundheitsorganisation litten im Jahre 1930 über 80% der noch lebenden britischen Kriegsversehrten, die während des Krieges eine Lostvergiftung erlitten hatten, an chronischer Bronchitis. Zudem waren diese Veteranen anfälliger für Tuberkulose, Kehlkopfentzündungen, Anämien und für Lungenkrebs.[70] Ihre Lebensqualität war häufig stark eingeschränkt, wie folgender Bericht aus dem Jahre 1927 zeigt:

> *„Im Sommer fühlen sich diese Patienten nicht so schlecht, doch mit Einsetzen des Winters verschlimmern sich die Symptome. Die Patienten erholen sich kaum, sondern fühlen sich allmählich immer schlechter [...] es ist nur eine Zeitfrage, bis außerdem Schwierigkeiten mit dem Herzen auftreten. [...] Es sollte auch bemerkt werden, daß solche Patienten schlechte Aussichten haben, wenn ernste Komplikationen der Lunge hinzukommen. [...] Einige von ihnen haben Brustkörbe wie Sechsjährige, Brustkörbe, die eindeutig und dauerhaft verändert sind. Der Beweis der Vermutung, daß Senfgas dafür verantwortlich ist, scheint schlüssig zu sein. Diese Rentner, vor dem Krieg jung und frisch, haben eine eindeutige Krankengeschichte, nachdem sie Wochen oder Monate mit Bindehaut- und Kehlkopfentzündung, Bronchitis und in manchen Fällen mit zusätzlichen Verätzungen im Krankenhaus gelegen haben.“*[71]

[69] Mercier, Soldat, S. 382-385.

[70] Harris, Geschichte, S. 51-53.

[71] Bericht aus dem Jahre 1927 von A. Fairley, Leiter der physiologischen Abteilung von Porton, zitiert in: Harris, Geschichte, S. 52.

5. Der Gaskrieg – Eine unritterliche aber humane Art der Kriegführung?

„Ich muß gestehen, daß die Aufgabe, die Feinde vergiften zu sollen wie die Ratten, mir innerlich gegen den Strich ging, wie es wohl jedem anständig fühlenden Soldaten so gehen wird. Aber durch das Giftgas konnte vielleicht Ypern zu Fall gebracht werden, konnte ein feldzugentscheidender Sieg errungen werden. Vor solch hohem Ziel mußten alle inneren Bedenken schweigen. [...] Der Krieg ist Notwehr und kennt kein Gebot."[72]

Wie bereits erwähnt gab es vor dem ersten Einsatz des Chlorgases bei Ypern Bedenken bei vielen Offizieren, die diese Art der Kriegführung als unritterlich empfanden. General Karl von Einem schreibt am 23. April 1915 in sein Kriegstagebuch:

„Ich fürchte, daß es in der Welt einen gewaltigen Skandal geben wird. [...] Mit Ritterlichkeit hat der Krieg nichts mehr zu tun. Je höher die Kultur sich erhebt, desto niederträchtiger wird der Mensch."[73]

Wie bei Deimling wichen diese Bedenken allerdings vor der Aussicht auf einen Durchbruch im festgefahrenen Stellungskrieg.[74] So bezeichnete General Albrecht von Thaer wenige Tage nach dem Blasangriff bei Ypern, Chlorgas als „ein ganz scheußliches Mittel". „Hier haben wir noch nicht derartige Stänkereien," fährt der General fort, „würden uns aber nicht davor genieren. Der Krieg kann eben nicht menschlich sein, und ist es hier auch bei uns nicht."[75]
Auch auf Seiten der Alliierten gab es Bedenken. Robert Graves zitiert in seiner Autobiographie die Meinung eines britischen Offiziers über einen bevorstehenden Gaseinsatz:

„It's damnable. It's not soldiering to use stuff like that even though the Germans did start it. It's dirty, and it'll bring us bad luck. We're sure to bungle it."[76]

Neben moralischen Bedenken gab es auch völkerrechtliche. Die Haager Landkriegsordnung von 1899 und 1907, die auch von Deutschland ratifiziert wurde, enthält Beschränkungen bei der Wahl der eingesetzten Mittel im Krieg. In Artikel 23 heißt es konkret:

„Abgesehen von den durch Sonderverträge aufgestellten Verboten ist namentlich untersagt:

a) die Verwendung von Gift oder vergifteten Waffen,
[...]
e) der Gebrauch von Waffen, Geschossen oder Stoffen, die geeignet sind, unnötig Leiden zu verursachen."[77]

Der 1927 erschienene vierte Band des Werkes des parlamentarischen Untersuchungsausschusses „Völkerrecht im Weltkrieg" versucht durch akribische Wortanalyse der Haager Bestimmungen den Vorwurf des völkerrechtswidrigen Handelns Deutschlands zu widerlegen. Hierbei wurde Fritz Haber, einer der maßgeblichen Verantwortlichen und vehementer Befür-

---

[72] Deimling, Zeit, S. 201.
[73] Einem, Weltkrieg, S. 117.
[74] Martinetz, Giftpfeil, S. 59.
[75] Albrecht von Thaer am 28. April 1915, zitiert in: Martinetz, Gaskrieg, S. 21.
[76] Graves, Good-Bye, S. 191.
[77] Landkriegsordnung, S. 85.

worter des deutschen Gaskriegs, vor den Ausschuss geladen. Zum Punkt a) des Artikels 23 der Landkriegsordnung kommt der Ausschuss zu dem Schluss, dass die darin enthaltenen Bestimmungen den Einsatz von chemischen Kampfmitteln der im Ersten Weltkrieg verwendeten Art nicht verbieten. Demnach werde „das Verbot der Verwendung von Gift im Artikel 23 lit. a) allgemein dahin verstanden, daß im Kriege die Beimischung giftiger Stoffe in Nahrungsmittel, Wasser, usw. zwecks Schädigung des Feindes untersagt ist." Die „Verwendung giftiger Gase" sei nicht mit inbegriffen. Der Begriff „vergiftete Waffen" meine ebenfalls kein Giftgas sondern „in erster Linie die vergifteten Geschosse, wie ehemals die vergifteten Pfeile der Indianer". Daher setze der Begriff einen „vergifteten Gegenstand voraus, der auch ohne Beifügung des Giftstoffes geeignet ist, als Waffe zu dienen, [...] durch die Beifügung des Giftstoffes [wird] lediglich die Wirkung der Waffe verstärkt."[78]

Um den Vorwurf zu entkräften, Deutschland habe gegen Punkt e) der Haager Landkriegsordnung, wonach Waffen, die unnötiges Leid verursachen, im Krieg nicht verwendet dürfen, verstoßen, versuchten zahlreiche Befürworter des Gaseinsatzes die Humanität chemischer Waffen zu betonen. So schreibt Bauer:

> *„Wenn es unmöglich ist, den Nutzen zu bestreiten, den die Gaswaffen besitzen, so ist es ferner verkehrt, wie dies seitens des Roten Kreuzes getan worden ist, ein besonderes Leiden derer zu behaupten, die davon betroffen werden."*[79]

Bauer führt zudem Statistiken an, wonach der Anteil der Todesopfer an den Vergifteten in der deutschen und französischen Armee 1918 besonders gering, nämlich 3% sei.[80] Auch Meyer ist von der Humanität der chemischen Kampfmittel überzeugt:

> *„Aber jeder, der die Gaswaffe nicht vom grünen Tisch aus beurteilt, sondern der im Felde selbst Gasangriffe mitgemacht und abgeschlagen hat, wird bei unbefangener Beurteilung zugestehen müssen, daß die Leiden, die durch chemische Kampfstoffe verursacht werden, in keiner Weise schlimmer sind, als die durch Geschosse, Granatsplitter, Bombenstücke, Säbelhiebe, usw. hervorgerufene Wunden. [...] Der Gaskampfwaffe [...] kommt das unbestreitbare Verdienst zu, daß sie harmloser als andere Waffen sind, da ihre Wirkungen nicht so häufig mit dem Tode endigen wie Verwundungen mit jenem. [...] Denn dauernde Benachteiligungen, dauerndes Siechtum als Folge von Kampfgaserkrankungen ist nur in sehr wenigen Fällen beobachtet worden und auch da meistens noch auf andere Ursachen, auf Komplikationen mit anderen Erkrankungen zurückzuführen gewesen."*[81]

Auch Meyer verweist auf die laut Statistiken geringe Todesrate der chemischen Kampfmittel im Vergleich zu konventionellen Waffen. Zwar leugnet Meyer nicht, dass Giftgas Leiden verursacht, jedoch erzeuge jede Waffe Leid. Als wichtigsten Punkt sieht Meyer die Frage, „ob

[78] Bell, Völkerrecht, S. 33f.
[79] Bauer, Denkschrift, S. 71.
[80] Ebenda, S. 71f.
[81] Meyer, Gaskampf, S. 273f.

diese Leiden unnötig sind."[82] Seiner Ansicht nach rechtfertigt jedoch der Erfolg der chemischen Waffen das durch sie ausgelöste Leid:

> *„Denn diese Leiden der gegnerischen Truppen sind notwendig gewesen, damit der Gegner seine Absichten auf Durchbrechung der deutschen Front nicht erreichte."*[83]

Daher entstand nach Meyers Ansicht kein unnötiges Leid und deswegen treffe der Artikel 23 e) der Haager Landkriegsordnung nicht auf die verwendeten chemischen Kampfmittel zu.[84] Haber argumentiert ähnlich. Auch er beruft sich auf Statistiken, die durch eine scheinbar geringe Todesrate die Humanität der Gaswaffen belegen sollen.[85] Auch der erwähnte Ausschuss kommt zu dem Schluss, dass der Gaskrieg als eine „zwingende Kriegsnotwendigkeit gerechtfertigt" sei.[86] Die Ausführungen Habers werden folgendermaßen zusammengefasst:

> *„Abgesehen davon, daß gegen Gasangriffe wirksamere Schutzmittel, wie Gasmasken und dergleichen, möglich sind, als beispielsweise gegen Artillerieangriffe, ist die Außerkampfsetzung oder Tötung durch giftige Gase gewiß nicht qualvoller als eine das ganze Nervensystem in Mitleidenschaft ziehende Zerreißung des Körpers durch ein Artilleriegeschoß. Nach dem bereits erwähnten amerikanischen Zeugnis sind übrigens bei genügender Ausrüstung der Truppen mit Gasabwehrmitteln nur drei bis vier Prozent der durch Gas verursachten Erkrankungen tödlich verlaufen; auch der Prozentsatz der völlig Geheilten ist ein sehr hoher gewesen, so daß selbst vom Standpunkte der Humanität die gegen den Gaskrieg vorgebrachten Bedenken wenig begründet erscheinen."*[87]

Aber nicht nur auf deutscher Seite gab es Befürworter des Einsatzes chemischer Waffen, die die Humanität von Kampfgasen betonten. So geben britische Statistiken der Zwischenkriegszeit viel zu geringe Opferzahlen an, Dokumente über den Gaskrieg wurden jahrzehntelang unter Verschluss gehalten.[88] Der amerikanische Offizier Prentiss betont, dass chemische Kampfstoffe weniger Leid verursachten als konventionelle Waffen. Er räumt zwar ein, dass Chlorgas in der Anfangsphase des Gaskrieges zum qualvollen Tod zahlreicher Soldaten geführt habe, allerdings sei dies auf die zu dem Zeitpunkt unzureichenden Schutzmaßnahmen zurückzuführen. Später sei dieses Gas am Wenigsten gefürchtet worden. Phosgen habe kein Leid verursacht, die Opfer seien ohne Schmerzen gestorben. Auch die Wirkung von Lost spielt Prentiss herunter. Denn die Wirkung dieses Stoffes setze erst um Stunden verzögert ein, so dass die Betroffenen, im Gegensatz zu den Verletzten, die durch konventionelle Waffen verwundet worden seien, in der Lage seien, rechtzeitig ärztliche Hilfe aufzusuchen. So könne man ihre Verletzungen rechtzeitig behandeln und ihre Qualen lindern. Zudem betont auch Prentiss die angeblich niedrige Sterblichkeitsrate der kampfgasgeschädigten Soldaten, die

---

[82] Meyer, Gaskampf, S. 281.
[83] Ebenda, S. 281.
[84] Ebenda, S. 277-281.
[85] Bell, Völkerrecht, S. 15.
[86] Ebenda, S. 34.
[87] Ebenda, S. 35.
[88] Harris, Geschichte, S. 50-52.

zwölfmal niedriger sei als bei herkömmlichen Waffen.[89] Anschließend leugnet Prentiss die Spätfolgen einer Gasvergiftung:

„*Gas not only produces practically no permanent injuries, so that if a man who is gasses survives the war, he comes out body whole, as God made him, and not the legless, armless or deformed cripple produced by the mangling and rending effects of high explosives, gunshot wounds, and bayonet thrusts.*"[90]

Die Befürworter des Gaseinsatzes auf deutscher und alliierter Seite begründeten also häufig die Humanität chemischer Kampfmittel mit den im Vergleich zu konventionellen Waffen geringen Verlusten. Allerdings ist es aus den vorhandenen Statistiken kaum möglich, verlässliche Zahlen zu gewinnen. So weist die deutsche Statistik lediglich diejenigen Todesfälle als Gasopfer auf, welche sich in den Lazaretten ereigneten. Soldaten, die direkt auf dem Feld oder sonstwie außerhalb eines Lazaretts an den Folgen einer Gasvergiftung starben, werden somit nicht berücksichtigt. Vor 1916 wurden gasbedingte Verletzungen überhaupt nicht als solche vermerkt, aber auch in den Folgejahren fehlen Zeiträume. Die von den Befürwortern chemischer Waffen genannten Verwundeten- und Todesopferzahlen dürften somit viel zu niedrig sein.[91] Heutige Schätzungen gehen von über einer Million Kampfgasgeschädigten aus. Die Zahl der Todesopfer liegt nach diesen Angaben bei 70.000 bis 90.000.[92] Eine interessante Statistik bezüglich der Sterblichkeitsrate nach Gasangriffen liefert Mercier. Wie bereits erwähnt lag nach Angaben der Befürworter chemischer Kampfmittel der Anteil der Todesopfer bei 3-4%. Mercier nennt für die französischen Truppen ganz andere Zahlen. Demnach starben nach Chlorgasangriffen 26%, nach Angriffen mit erstickenden Geschossen 32,9% und nach Angriffen mit Lost 8% aller Gasgeschädigten. Den Anteil der Gasvergifteten an der Gesamtzahl der Verwundungen beziffert Mercier für das Jahr 1918 mit 25%.[93] Diese Zahlen zeigen, dass chemische Kampfmittel doch nicht so harmlos waren, wie mancher ihrer Befürworter versucht darzustellen. Zur Humanität der Chemiewaffen sei zudem auf die zahlreichen Augenzeugenberichte hingewiesen, von denen einige in dieser Arbeit zitiert wurden. Sie alle schildern sehr wohl große Qualen bei den von Gaskampfmitteln betroffenen Personen und zwar nicht nur als unmittelbare Folge des Kontaktes sondern auch als Spätfolgen, die die Lebensqualität der Betroffenen für den Rest ihres Lebens entscheidend beeinträchtigten.

1899 wurde die Haager Erklärung, betreffend das Verbot der Verwendung von Geschossen mit erstickenden oder giftigen Gasen verabschiedet und auch von Deutschland ratifiziert. Die Erklärung lautet:

[89] Prentiss, Chemicals, S. 679f.
[90] Ebenda, S. 680.
[91] Gradmann, Medizin, S. 136f.
[92] Martinetz, Gaskrieg, S. 127.
[93] Mercier, Soldat, S. 342.

„Die vertragschließenden Mächte unterwerfen sich gegenseitig dem Verbote, solche Geschosse zu verwenden, deren einziger Zweck ist, erstickende oder giftige Gase zu verbreiten."[94]

Die deutsche Seite versuchte auch hier zu beweisen, dass ihre Streitkräfte nicht gegen die Erklärung verstießen. Hauptpunkt der Argumentationskette des deutschen Untersuchungsausschusses war der Ausdruck „Geschosse, deren *einziger* Zweck ist, erstickende oder giftige Gase zu verbreiten." Demnach seien Geschosse nicht verboten, die außer der Gaswirkung noch eine „Spreng- oder Durchschlagswirkung"[95] haben. So enthielten die ersten deutschen chemischen Waffen, die NI-Geschosse, zwar ein giftiges Gas, aber sie besaßen auch eine Spreng- bzw. Durchschlagswirkung. Auch der Gasangriff bei Ypern sei kein Verstoß gegen die Erklärung gewesen, denn es handelte sich dort nicht um Geschosse sondern ein Abblasverfahren, das in der Erklärung nicht erwähnt werde. Der Ausschuss räumt jedoch ein, dass im weiteren Verlauf des Krieges die deutsche Seite durchaus auch Geschosse verwendete, deren einziger Zweck es war, giftige Gase zu verbreiten und somit gegen die Haager Erklärung verstießen. Da jedoch die ersten Bromessigester- und Chloracetongeschosse, die Frankreich in der Anfangsphase des Krieges verwendet habe, keine Spreng- oder Durchschlagskraft besaßen, verstießen auch diese Waffen gegen die Haager Erklärung. Folglich habe Frankreich als erste Nation einen Völkerrechtsbruch begangen. Somit rechtfertige „ein Außerachtlassen vereinbarter Kriegsgesetze seitens einer Kriegspartei ein entsprechendes Verhalten der anderen Kriegspartei nach den völkerrechtlichen Grundsätzen."[96] Der Ausschuss kommt daher zu dem Schluss, „daß man auf beiden Seiten die Haager Erklärung als durch die Kriegsereignisse überholt und durch stillschweigendes Einverständnis aufgehoben ansah."[97] Die Schuld an der völkerrechtswidrigen Eskalation trage jedoch grundsätzlich Frankreich.[98] So auch Meyer:

„[...] es [ist] mehr als zweifelhaft [...], ob die Haager Abkommen für den letzten Krieg Gültigkeit besessen haben. Falls dies aber doch angenommen wird, dann sind die Bestimmungen jener völkerrechtlichen Abmachungen zuerst von Frankreich verletzt worden, und Deutschland hat sich dann mit vollstem Rechte ebenfalls davon abwenden dürfen."[99]

Die deutsche Argumentation gegen den Vorwurf des Völkerrechtsbruchs versucht also jegliche Verantwortung von Deutschland abzuwälzen. Tatsache ist jedoch, dass nicht die ersten Versuche mit Reizgasgeschossen den Gaskrieg entfesselten, sondern der massive Chlorgaseinsatz bei Ypern im April 1915.

Die deutsche Argumentationskette zur Völkerrechtswidrigkeit enthält zudem einen Widerspruch. Denn Punkt a) des Artikels 23 der Haager Landkriegsordnung verbietet vergiftete

---

[94] Reichsgesetzblatt, S. 474.

[95] Bell, Völkerrecht, S. 37.

[96] Ebenda, S. 41.

[97] Ebenda, S. 41f.

[98] Ebenda, S. 36-42.

[99] Meyer, Gaskampf, S. 284.

Waffen. Gemäß deutscher Beweisführung ist eine vergiftete Waffe eine Waffe, deren Wirkung „durch die Beifügung des Giftstoffes [...] verstärkt“[100] wird. Wie wir gesehen haben, verbietet zudem die Haager Erklärung „Geschosse, deren einziger Zweck ist, erstickende oder giftige Gase zu verbreiten.“[101] Der deutsche Untersuchungsausschuss argumentierte hier, dass der einzige Zweck der ersten deutschen NI-Geschosse eben nicht war, Gase zu verbreiten, sondern, dass diese auch eine Spreng- bzw. Durchschlagswirkung besaßen. Hier kann man einen Widerspruch erkennen, denn wenn die NI-Geschosse ohnehin eine Spreng- oder Durchschlagswirkung besaßen, wäre der Giftstoff zur Verstärkung der Waffe beigefügt worden und verstieße somit laut deutscher Argumentation gegen Artikel 23. Somit hätte Deutschland sehr wohl bereits 1914 einen Völkerrechtsbruch begangen.

[100] Bell, Völkerrecht, S. 34.
[101] Reichsgesetzblatt, S. 474.

Fazit

Ich kann mich noch gut an eine Episode aus meiner Schulzeit erinnern, deren ersten fünf Jahre ich auf einer allgemeinbildenden Schule in Budapest verbrachte. Ich war etwa neun oder zehn Jahre alt, als ich eines Nachmittags mit einigen Klassenkameraden durch das Schulgebäude streifte. Aus Langeweile stöberten wir verbotenerweise unter einem versteckten Treppenabsatz und entdeckten dort eine alte Gasmaske. Ich weiß nicht wie alt sie war oder wie sie dort hingekommen war. Damals spürte ich bei ihrem Anblick einen Hauch von Abenteuer. Wenn ich heute, nach den Recherchen für diese Arbeit, daran denke, wozu diese Maske entwickelt worden war, erfasst mich Grauen.

Der erste massive deutsche Gaseinsatz bei Ypern am 22. April 1915 entfachte einen Gaskrieg ungeahnten Ausmaßes. Den erhofften Durchbruch im Stellungskrieg brachten weder dieser Angriff noch die zahlreichen darauffolgenden. Zwar begann Deutschland mit dem massenhaften Einsatz von Gaskampfmitteln, jedoch hatten die Alliierten keine Skrupel dem Beispiel zu folgen. Die sich immer weiterdrehende Rüstungsspirale brachte Stoffe und Taktiken hervor, welche die Ereignisse bei Ypern im April 1915 bei Weitem in den Schatten stellten. Sie verursachten unglaubliches Leid bei den betroffenen Soldaten. Viele von ihnen, die den Krieg überlebten, litten ihr restliches Leben unter den Folgen. Aber, wie so oft in der Geschichte, lernten die Menschen nicht aus ihren Fehlern. Die zu Anfang noch als unritterlich verdammten chemischen Waffen wurden nach dem Ersten Weltkrieg zur humanen Waffe einer zivilisierten Kriegsführung hochstilisiert. Zahlreiche Autoren, Offiziere wie Wissenschaftler, priesen den Gaskampf als Kriegsform der Zukunft.

Chemische Kampfstoffe haben bis heute nicht ihren Schrecken verloren. So setzten in den achtziger Jahren die irakischen Streitkräfte Giftgas im Krieg gegen den Iran ein. 1988 starben über 5.000 Menschen im kurdischen Dorf Halabja durch irakisches Giftgas.

Es ist zu hoffen, dass die Menschheit eines Tages aus ihren Fehlern lernt und dass diese heimtückische, grausame und menschenverachtende Waffe nie wieder zum Einsatz kommt.

Literaturverzeichnis

BRAUCH, Hans G., *Der chemische Alptraum oder gibt es einen C-Waffen-Krieg in Europa?*, Berlin/Bonn 1982.

CHICKERING, Roger, *Das Deutsche Reich und der Erste Weltkrieg*, Cambridge/München ²2005.

GELLERMANN, Günther W., *Der Krieg, der nicht stattfand. Möglichkeiten, Überlegungen und Entscheidungen der deutschen Obersten Führung zur Verwendung chemischer Kampfstoffe im Zweiten Weltkrieg*, Koblenz 1986.

GRADMANN, Christoph, *"Vornehmlich beängstigend" – Medizin, Gesundheit und chemische Kriegführung im deutschen Heer 1914 – 1918*, in: Die Medizin und der Erste Weltkrieg, hg. von Wolfgang U. Eckart, Christoph Gradmann, Pfaffenweiler 1996, S. 131-154 (Neuere Medizin- und Wissenschaftsgeschichte Quellen und Studien Bd. 3).

HARRIS, Robert, PAXMAN, Jeremy, *Eine höhere Form des Tötens. Die unbekannte Geschichte der B- und C-Waffen*, München ²1985.

MARTINETZ, Dieter, *Der Gaskrieg 1914/1918. Entwicklung, Herstellung und Einsatz chemischer Kampfstoffe. Das Zusammenwirken von militärischer Führung, Wissenschaft und Industrie*, Bonn 1996.

MARTINETZ, Dieter, *Vom Giftpfeil zum Chemiewaffenverbot. Zur Geschichte der chemischen Kampfmittel,* Thun/Frankfurt a. M. 1996.

STEVENSON, David, *1914-1918. Der Erste Weltkrieg*, Düsseldorf 2006.

TRUMPENER, Ulrich, *The Road to Ypres: The Beginnings of Gas Warfare in World War I*, in: The Journal of Modern History 47/3 (1975), S. 460-480.

Quellenverzeichnis

BAUER, Max, *Denkschrift betreffend den Gaskampf und Gasschutz*, BA, Nachlass Bauer, Nr. 35, Auszüge in: Chemische Kriegsführung – Chemische Abrüstung. Dokumente und Kommentare. Teil 1. Dokumente aus deutschen und amerikanischen Archiven, hg. von Hans G Brauch, Rolf-Dieter Müller, Berlin 1985, S. 69-82. (Militärpolitik und Rüstungsbegrenzung Bd. 1).

BELL, Johannes (Hg.), *Völkerrecht im Weltkrieg Bd. 4*, Berlin 1927 (Das Werk des Untersuchungsausschusses der Verfassunggebenden Deutschen Nationalversammlung und des Deutschen Reichstages 1919-1928, 3. Reihe).

BÜSCHER, Herrmann, *Giftgas! Und wir? Die Welt der Giftgase. Wesen und Wirkung. Hilfe und Heilung*, Leipzig ^{2}1937.

DEIMLING, Berthold von, *Aus der alten in die neue Zeit*, Berlin 1930.

EINEM, Karl von, *Ein Armeeführer erlebt den Weltkrieg. Persönliche Aufzeichnungen des Generalobersten v. Einem Bd. 2*, hg. von Junius Alter, Leipzig 1938.

GRAVES, Robert, *Good-Bye to All That. An Autobiography*, London/Toronto 1931.

HANSLIAN, Rudolf, *Der deutsche Gasangriff bei Ypern am 22. April 1915*, Berlin 1934.

HANSLIAN, Rudolf, *Die Gasabwehr*, in: Der chemische Krieg Bd. 1, hg. von Rudolf Hanslian, Berlin ^{3}1937, S. 187-252.

MERCIER, Raoul, *Der Soldat im Kampfe mit den Gasen*, in: Zeitschrift für das gesamte Schieß- und Sprengstoffwesen mit der Sonderabteilung Gasschutz 25/1 (1930), S. 339-342 und 381-385.

MEYER, Julius, *Der Gaskampf und die chemischen Kampfstoffe*, Leipzig 1925 (Chemie und Technik der Gegenwart Bd. 4).

MUNTSCH, Otto, *Leitfaden der Pathologie und Therapie der Kampstofferkrankungen*, Leipzig ^{5}1939.

PRENTISS, Augustin M., *Chemicals in War. A Treatise on Chemical Warfare*, New York/London 1937.

RUPPRECHT VON BAYERN, *Mein Kriegstagebuch Bd. 1*, hg. von Eugen von Frauenholz, München 1929.

Die Haager Landkriegsordnung. Das Übereinkommen über die Gesetzte und Gebräuche des Landkriegs, Wolfenbüttel-Hannover ^{3}1947.

Reichsgesetzblatt 1901, Berlin 1901.

Sanitätsbericht über das Deutsche Heer im Weltkriege 1914/1918 Bd. 3: Die Krankenbewegung bei dem Deutschen Feld- und Besatzungsheer im Weltkriege 1914/1918, Berlin 1934.

Anhang

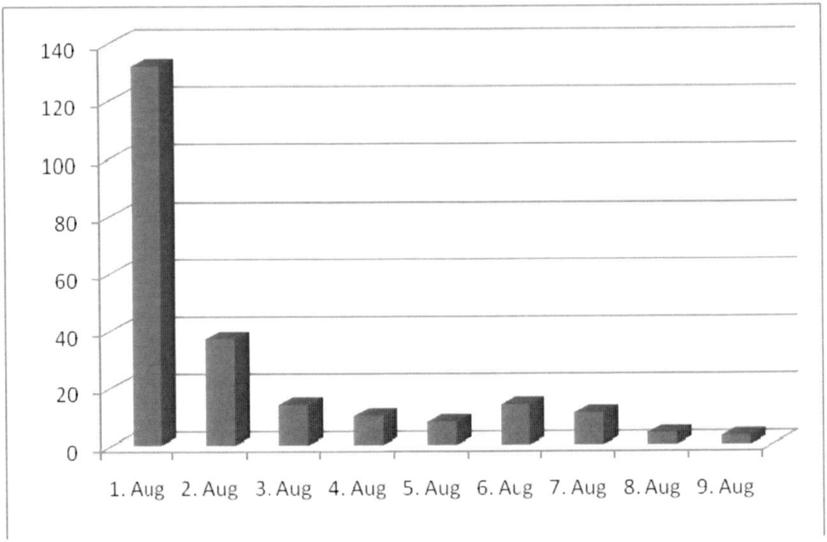

Diagramm 1: Auftreten der Vergiftungssymptome bei französischen Soldaten nach einem deutschen Angriff mit Lost in der Nacht 31. Juli / 1. August 1917. Gesamtzahl der Vergifteten: 233. Datenquelle: Mercier, Soldat, S. 341.